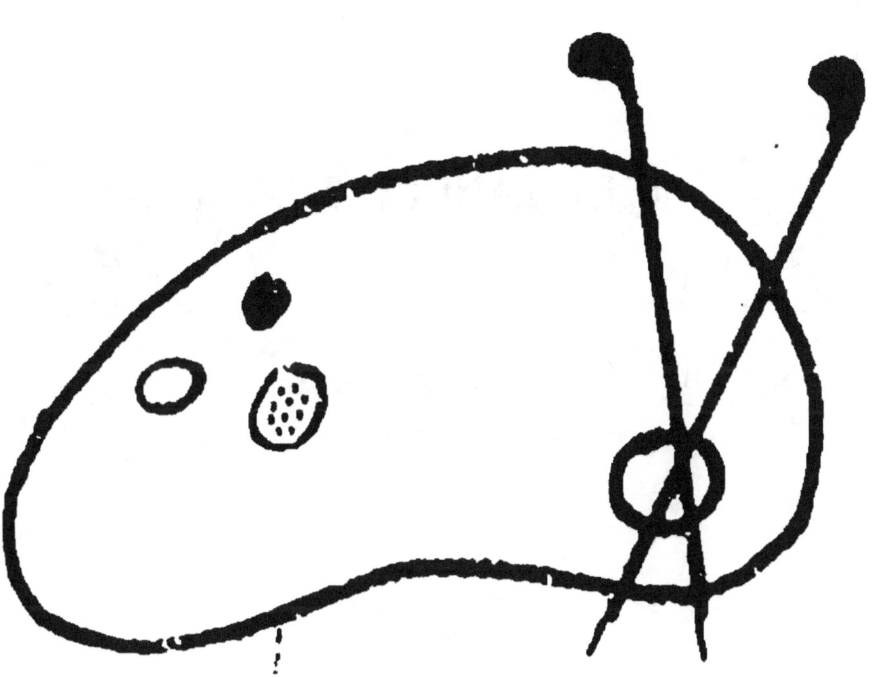

Couvertures supérieure et inférieure
en couleur

JEAN DE LÉRY

LA LANGUE TUPI

PAR

Paul GAFFAREL

PROFESSEUR A LA FACULTÉ DES LETTRES DE DIJON.

PARIS

MAISONNEUVE ET Cⁱᵉ, LIBRAIRES-ÉDITEURS

25, QUAI VOLTAIRE, 25

—

1877

JEAN DE LÉRY

LA LANGUE TUPI

PAR

Paul GAFFAREL

PROFESSEUR A LA FACULTÉ DES LETTRES DE DIJON.

PARIS

MAISONNEUVE ET Cⁱᵉ, LIBRAIRES-ÉDITEURS

25, QUAI VOLTAIRE, 25

1877

ORLÉANS, IMP. DE G. JACOB, CLOITRE SAINT-ÉTIENNE, 4.

JEAN DE LÉRY

—

LA LANGUE TUPI.

Jean de Léry naquit à la Margelle, près de l'abbaye de Saint-Seine de Bourgogne, en 1534. On ne sait rien de ses premières années. A l'âge de dix-huit ans, nous le trouvons à Genève, attaché aux pas de Calvin, suivant ses cours de théologie et ses prédications. Le réformateur lui fournit tout à coup l'occasion de rendre à la nouvelle doctrine un service signalé. Le conseil de la République venait de recevoir une lettre d'Amérique, que lui adressait Durand de Villegaignon, fondateur d'une colonie française dans la baie, où se bâtira plus tard Rio de Janeiro. Cet étrange personnage, après avoir rempli l'Europe et l'Afrique du bruit de ses exploits et de sa fatigante activité, s'était avisé de créer au Brésil une France américaine, et d'y appeler, comme en un champ d'asile, tous ceux qui voudraient jouir de la liberté de conscience. Désireux d'augmenter les ressources et d'assurer la prospérité de sa colonie, il demanda à Calvin, qui avait été son condisciple à l'Université de Paris, de lui envoyer quelques colons actifs et intelligents. Calvin accueillit avec empressement cette demande imprévue, et organisa une petite expédition à destination du Brésil. Léry était du nombre des émigrants. Moitié par curiosité et désir de s'instruire, moitié par zèle religieux, il se décida sans hésitation à porter en Amérique la nouvelle doctrine.

Les diverses péripéties du voyage, l'accueil de Villegaignon, les premiers travaux et les premières disputes,
les discussions théologiques et les dissentiments de tout
genre, les hostilités déclarées, la persécution et le départ
des Genevois, tous ces dramatiques événements ont été
racontés, avec force détails, par Léry lui-même, dans
l'ouvrage qu'il intitula : *Histoire d'un voyage faict en la
terre du Brésil*, etc. Il y joignit la description du pays,
la peinture des mœurs indigènes, l'énumération des ressources locales ; il essaya même de donner comme une
connaissance générale de la langue parlée par les Brésiliens. L'ouvrage de Léry est, en un mot, le guide indis-
pensable de tous ceux qui s'occupent des antiquités brési-
liennes.

Cet ouvrage, dont la première] édition parut à la
Rochelle en 1578, eut un grand succès. Il fut plusieurs
fois réimprimé, et traduit en plusieurs langues ; mais,
soit caprice du hasard, soit vengeance calculée des
ennemis de l'auteur, les exemplaires du *Voyage au Brésil*
sont aujourd'hui fort rares. Ils atteignent dans les ventes
des prix fantastiques. La rareté, et plus encore l'intérêt
du livre, nous ont engagé à en préparer une nouvelle
édition, dont nous détachons un chapitre destiné aux
lecteurs de la *Revue*.

Ce chapitre est le vingtième de l'ouvrage. Il est inti-
tulé : *Colloque de l'entrée ou arrivée en la terre du Brésil,
entre les gens du pays nommez Toüoupinambaoult et
Toupinenkins, en langage sauvage et françois*. L'auteur
suppose un dialogue entre un des colons français et un
des indigènes brésiliens. De temps à autre, il interrompt
la narration par quelque remarque grammaticale ou

quelque observation morale. Autant que possible, il s'attache à ne donner que des mots usuels ou des phrases de conversation courante. On dirait un de ces livres d'utilité pratique, que certains libraires ont imaginé de mettre entre les mains des touristes novices.

Un des contemporains et des ennemis les plus acharnés de Léry, Thevet, le cosmographe de Henri II, prétend, dans un de ses ouvrages restés encore manuscrits (Bibliothèque nationale, fonds Saint-Germain français, n° 656), que Léry était résté trop peu de temps au Brésil pour en connaître la langue, et qu'il avait emprunté ce colloque à un interprète normand établi depuis longues années dans le pays, ou à Villegaignon lui-même. « Au reste, écrit-il, il (Villegaignon) estoit si habil homme qu'il avoit escrit un dictionnaire et colloque en la langue brésilienne, qu'il a communiqués à plusieurs notables personnages, comme à feu monsieur le chancelier de l'Hospital, et à feu monsieur Baudin, procureur général du roy en sa cour de parlement à Paris, à chacun desquels il en donna une coppie. Au retour du siége de Sancerre, un nommé Ode, sur bonne foy, presta ladite coppie à ce Léry, lequel, depuis, l'a fait imprimer en son nom. »

Bien qu'il soit fort difficile de discuter la réalité de cette accusation de plagiat, ce qui nous porterait à croire que Thevet pourrait bien avoir raison, c'est que, à un certain passage du colloque, le Français, interrogé par le sauvage sur son pays natal, répond qu'il est de Rouen. Léry, s'il avait réellement composé le colloque, aurait dû répondre qu'il était de la Margelle. De plus, les noms des villages brésiliens, tels que nous les lisons à la fin du colloque, diffèrent de ces mêmes noms, tels que les énumère Léry dans ce même colloque. Léry aurait donc, dans l'un ou l'autre cas, copié des renseignements qu'il tenait d'autrui.

Quoi qu'il en soit de cette accusation, nous avons, grâce à Léry, un curieux spécimen de la langue des Tupinambas, nos alliés vers le milieu du XVIe siècle. Cette langue, parlée par de nombreuses tribus, est désignée encore au Brésil sous le nom de *lingoa geral*. Depuis l'époque de la conquête, elle a subi de profondes modifi-cations, et peu à peu disparaît devant le portugais. A l'exception de Thevet (*Cosmographie universelle*, p. 928), qui trouve que « leur parolle est rude et de peu de grâce en son accent, et laquelle ils réitèrent souvent disans une mesme chose : leur langage est bref et obscur, toutefois plus aisé à comprendre que celui des Turcs et autres nations levantines, ainsi que i'ay congneu par expérience », les écrivains contemporains s'accordent à vanter la douceur de cet idiome. D'après Montaigne *(Des Cannibales)*, « c'est un langage doux, et qui a le son agréable retirant aux terminaisons grecques ». D'après Gandavo (*Histoire de la province de Sancta-Cruz*, p. 109), « elle est très-douce et facile à apprendre pour toutes les nations ; il y a des mots dont les hommes seuls se servent, et d'autres que les femmes seules emploient ». Le père Anchieta, qui rassemblait dès 1551 les matériaux de son rarissime ouvrage, *Arte da Gramatica da lingoa mais usada na costa do Brazil,* qu'il ne devait publier qu'en 1595, parle du tupi avec enthousiasme. « A quelle école, écrivait le père Simon de Vasconcellos, ont-ils donc appris au sein du désert des règles grammaticales si certaines qu'ils ne manquent pas à la perfection de la syntaxe ? En cela, ils ne le cèdent d'aucune manière aux meilleurs humanistes grecs ou latins... Beaucoup de personnes pensent que cet idiome a les perfections de la langue grecque, et, par le fait, j'ai moi-même admiré en elle la délicatesse, l'abondance et la facilité ». Un autre jésuite, le père Araujo, l'auteur du *Cathecismo na lingua Brasilica*, n'hésite pas à proclamer « qu'il est extraordinaire que les peuples par qui elle est parlée, ayant leurs idées limitées dans un cercle étroit d'objets, tous nécessaires à leur mode d'existence, aient pu concevoir des signes représentatifs d'idées capables d'atteindre aux choses dont ils n'avaient nulle connaissance antérieurement; et cela avec propriété, énergie, élégance ». Le tupi fut même un instant élevé à la dignité d'une langue cultivée, car on la professa publiquement, pendant tout le XVIe siècle, au collége de Bahia.

Nous n'avons pas à nous prononcer ici sur le plus ou moins de mérite littéraire ou de valeur scientifique du tupi, car la compétence nous manque pour discuter ces intéressants problèmes de philologie comparée. A ceux des lecteurs de la *Revue* qui voudraient pousser plus loin ces études grammaticales, nous signalerons comme monuments originaux, à rapprocher du colloque de Léry, la Salutation angélique et le Symbole des apôtres traduits en tupi, et insérés par Thevet dans sa *Cosmographie universelle* (p. 924), et les *Poemas Brasilicos* du père CHRISTOVAO VALENTE, reproduits par M. FERDINAND DENIS dans sa *Fête brésilienne célébrée à Rouen en* 1550. Nous indiquerons encore, parmi les ouvrages les plus récents : LUDEWIG, *The literature of American aboriginal languages.* — M. de NEUWIED, *Voyage au Brésil*, t. III, p. 158-172.

— Castelnau, *Voyage dans l'Amérique du Sud*, t. V, p. 249-301. — Gonçalvez Dias, *Diccionnario da lingua tupy*. — Ruys de Montoya, *Arte, Tesoro, Vocabulario da lingua guarani*. — Paul Marcoy, *Du Pacifique à l'Atlantique*. — Wolff, *Histoire de la littérature brésilienne*.

CHAPITRE XX.

COLLOQUE DE L'ENTRÉE OU ARRIVÉE EN LA TERRE DU BRÉSIL, ENTRE LES GENS DU PAYS NOMMEZ TOÜOUPINAMBAOULT ET TOUPINENKINS, EN LANGAGE SAUVAGE ET FRANÇOIS.

Toüoupinambaoult. *Ere-ioubé ?* Es-tu venu ?

François. Ouy, je suis venu.

T. *Teh ! auge-ny-po*. Voilà bien dit.

F. *Mara-pé-déréré* (1) ? Comment te nommes-tu ?

T. *Lery-oussou*. Une grosse huitre.

T. *Ere-iacusso-pienc ?* As-tu laissé ton pays pour venir demeurer icy ?

F. *Pa*. Ouy.

T. *Eori-deretani ouani repiac*. Viens doncques voir le lieu où tu demeureras.

F. *Augé-bé*. Voilà bien dit.

T. *I-endé répiac? Aout i-endérépiac aout é éhéraire*.

(1) D'après Thevet (ouvr. cit., p. 930), cette phrase se traduirait autrement : *marabissere*.

Teh ! ouèreté kenois Lery-oussou yméen ! Voilà doncques il est venu par deçà, mon fils, nous ayant en sa mémoire, hélas !

T. *Eréron dé·carameino ?* As-tu apporté tes offres ? Ils entendent aussi tous autres vaisseaux à tenir hardes que l'homme peut.avoir.

F. *Pà arout.* Ouy, ie les ay apportez.

T. *Mobouy ?* Combien ?

Autant qu'on en aura, on leur. pourra nombrer par paroles iusques au nombre de cinq, en les. nommant ainsi : *augé-pé*, 1 ; *mocouein*, 2 ; *mossaput*, 3 ; *oioicoudic*, 4 ; *ecoiubo*, 5. Si tu en as deux, tu n'as que faire d'en nommer quatre ou cinq. Il te suffira de dire *mocouein* de trois et quatre. Semblablement, s'il y en a quatre tu diras *oioicoudic*, et ainsi des autres. Mais s'ils ont passé le nombre cinq, il faut que tu montres par tes doigts et par les doigts de ceux qui sont auprès de toy, pour accomplir le nombre que tu leur voudras donner à entendre ; et de toute autre chose semblablement, car ils n'ont autre manière de conter.

T. *Màé pérérout, de caramémo poupé ?* Quelle chose est ce que tu as apportée dedans tes coffres ?

F. *A-aub.* Des vestements.

T. *Mara-vaé ?* De quelle sorte ou couleur ?

F. *Sóbouy-eté*, de bleu ; *pirenc*, rouge ; *ioup*, iaune ; *son*, noir ; *sóbouy-masson*, vert ; *pirieuc*, de plusieurs couleurs ; *pegasson-aue*, couleur de ramier ; *tin*, blanc, et est entendu de chemises.

T. *Maé-pàmo ?* Quoy encores ?

F. *A-cang aubé-roupé.* Des chapeaux.

T. *Seta-pé ?* Beaucoup ?

F. *Icatoupané*. Tant, qu'on ne peut les nombrer.

T. *Ai-pogno ?* Est-ce tout ?

F. *Erimen*. Non ou nenny.

T. *Esse non bat*. Nomme tout.

F. *Coromo*. Attens un peu.

T. *Nein*. Or sus doncques.

F. *Mocap* ou *mororocap*. Artillerie à feu, comme harquebuze grande ou petite ; car *mocap* signifie toute manière d'artillerie à feu, tant de grosses pièces do navires qu'autres. Il semble aucune fois qu'ils prononcent *bocap* par *b*, et seroit bon en escrivant ce mot d'entremesler *m b* ensemble qui pourroit. *Mocap-coui*, de la poudre à canon ou poudre à feu. *Mocap-couiourou*, pour mettre la poudre à feu, comme flasques, cornes et autres.

T. *Mara-vaé ?* Quels sont-ils ?

F. *Tapiroussou-alc*. De corne de bœuf.

T. *Augé-gaton-tégué*. Voilà très-bien dit. — *Máé pé sepouyt rem ?* Qu'est-ce qu'on baillera pour ce ?

F. *Arouri*. Ie ne les ay qu'apportées comme disant, ie n'ay point de haste de m'en desfaire, en leur faisant sembler bon.

T. *Hé !* C'est une interiection qu'ils ont accoustumé de faire quand ils pensent à ce qu'on leur dit, voulans respliquer volontiers. Neantmoins se taisent à fin qu'ils ne soyent veus importuns.

F. *Arrou-itaygapen*. I'ay apporté des espèces de fer.

T. *Naoepiac-icho péné ?* Ne les verray-ie point ?

F. *Bégoé-irem*. Quelque iour à loisir.

T. *Néréroupè guya-pat ?* N'as-tu point apporté des serpes à heuses ?

F. *Arrout*. I'en ay apporté.

T. *Igatou-pé ?* Sont-elles belles ?

F. *Guiapao-été.* Ce sont serpes excellentes.

T. *Aua-pomoquèn ?* Qui les a faites ?

F. *Pagé-onassou remymoguen.* Ç'a esté celuy que cognoissez, qui se nomme ainsi, qui les a faites.

T. *Augé-terah.* Voilà qui va bien.

T. *Acepiah mo mèn.* Hélas ! ie les verrois volontiers.

F. *Karamoussee.* Quelque autre fois.

T. *Tâcépiah taugé.* Que ie les voye présentement.

F. *Eembereingué.* Attens encore.

T. *Eréroupé itaxé amo ?* As-tu point apporté de cousteaux ?

F. *A roureta.* l'en ai apporté en abondance.

T. *Secouarantin vaé ?* Sont-ce des cousteaux qui ont le manche fourchu ?

F. *En-eu non ivetin,* à manche blanc ; *ivèpèp,* à demi-raffé ; *taxe-miri,* des petits cousteaux ; *pinda,* des haims ; *moutemoulon;* des alaines ; *arroua,* des mirois ; *knapj,* des peignes ; *mourobouy été,* des colliers ou bracelets bleus ; *cepiah ypongéum,* qu'on n'a point accoustumé d'en voir. Ce sont les plus beaux qu'on pourroit voir depuis qu'on a commencé à venir de par deçà.

T. *Easo ia-voh de caramemo t'acepiah dè maè.* Ouvre ton coffre à fin que ie voye tes biens.

F. *Aimossaènen,* ie suis empesché ; *acépiah ouca iren desue,* ie le monstreray quelque iour que ie viendray à toy.

T. *Mârour ichop' irèmmaé desue ?* Ne t'apporteray-ie point des biens quelques iours ?

F. *Maé pereron potat ?* Que veux-tu apporter ?

T. *Sceh dè ?* Je ne sais, mais toy ? — *Maé peréi potat ?* Que veux-tu ?

F. *Soo,* des bestes ; *oura,* des oyseaux ; *pira,* du poisson ; *ouy,* de la farine ; *yetic,* des naveaux ; *commenda-ouassou,* des grandes febves ; *commenda miri,* des petites febves ; *morgonia onassou,* des oranges et des citrons ; *maé tironén,* de toutes ou plusieurs choses.

T. *Mara-vaé sóo ereiuxeh ?* De quelle sorte de beste as-tu appétit de manger ?

F. *Nacepiah que von gonaaire.* Ie ne veux de celles de ce pays.

T. *Aassenon desue.* Que je te les nomme.

F. *Nein.* Or là.

T. *Tapiroussou,* une beste qu'ils nomment ainsi, demi-asne et démi-vache ; *se-ouassou,* espéce de cerf et biche ; *taiasou,* sanglier du pays ; *agouti,* une beste rousse grande comme un petit cochon de trois semaines ; *pague,* c'est une beste grande comme un petit cochon d'un mois, rayée de blanc et de noir ; *tapiti,* espéce de lièvre.

F. *Esse non ooca y chesne.* Nomme-moy des oyseaux.

T. *Iacon,* c'est un oyseau grand comme un chapon, fait comme une petite poule de Guinée, dont il y en a de trois sortes, c'est assavoir : *iacoutin, iacoupem* et *iacou-ouassou,* et sont de fort bonne saveur, autant qu'on pourroit estimer autres oiseaux. *Moutou,* paon sauvage, dont en y a de deux sortes, de noirs et gris, ayans le corps de la grandeur d'un paon de nostre pays (oyseau rare). *Mócacouà,* c'est une grande sorte de perdrix ayant le corps plus gros qu'un chapon. *Ynambou-ouassou,* c'est une perdrix de la grande sorte, presque aussi grande comme l'autre ci-dessus nommée. *Ynambou,* c'est une perdrix presque comme celles de ce pays de France.

Pegassou, tourterelle du pays ; *paicacu,* autre espèce de tourterelle plus petite.

F. *Seta pé-pira senaé?* Est-il beaucoup de bons poissons ?

T. *Nau,* il y en a autant. *Kurema,* le mulet ; *parati,* un franc mulet ; *acara-ouassou,* un autre grand poisson qui se nomme ainsi ; *acara-pep,* poisson plat encores plus délicat, qui se nomme ainsi ; *acara-boulen,* un autre de couleur tannée, qui est de moindre sorte ; *acara-miri,* un très-petit, qui est en eau douce, de bonne saveur ; *ouara,* un grand poisson de bon goust ; *kamouroupouy-ouassou,* un grand poisson.

F. *Mamo pe deretam ?* Où est ta demeure ?

T. Maintenant, il nomme le lieu de sa demeure : *Kariauh, Ora-ouassou-onée, Iaueu-urassic, Piracan i o-pen, Eiraia, Itanen, Táracoüir-apan, Sarapo-u.* Ce sont les villages du long du rivage entrant en la rivière de *Geneure,* du costé de la main senestre, nommez en leurs propres noms, et ne sache qu'ils puissent avoir interprétation selon la signification d'iceux. *Ke-ri-u, Acara-u, Kouroumouré, Ita-omé, Ioiráróuem,* qui sont les rivages en ladite rivière du costé de la main dextre. Les plus grands villages de dessus les terres, tant d'un costé que d'autre, sont : *Sacouarroussouluve, Ocarentin, Sapopem, Nourouctive, Arasa-tuve, Usu-portuve* et plusieurs autres, dont, avec les gens de la terre ayant communication, on pourra avoir plus ample cognoissance, et des pères de famille que, frustratoirement, on appelle *rois,* qui demeurent ausdits villages ; et en les cognoissant, on en pourra iuger.

F. *Móbouy-pé toupicha galon heuou ?* Combien y en a-t-il de grands par deçà ?

T. *Sela-gne.* Il y en a beauc··· ···.

F. *Essenon auge pequoube ychesne.* Nommé-m'en quel-qu'un.

T. *Nau.* C'est un mot pour rendre attentif celuy à qui on veut dire quelque propos. *Eapirau i-loup,* c'est le nom d'un homme qui est interprété, teste à demi-peléo, où il n'y a guère de poil.

F. *Mamo-pè se tam ?* Où est sa demeure ?

T. *Kariauh-bé.* En ce village ainsi dit ou nommé, qui est le nom d'une petite rivière dont le village prend le nom, à raison qu'il est assis près, et est interprété la maison des *Karios,* composé de ce mot *karios* et d'*auq,* qui signifie maison, et en ostant *os,* et y adioustant *auq* fera *Kariauh ;* et *bé,* c'est l'article de l'ablatif, qui signifie le lieu qu'on demande ou là où on veut aller.

T. *Mossen y gerre,* qui est interprété garde de méde-cines ou à qui médecine appartient ; et en usént proprement quand ils veulent appeler une femme sorcière ou qui est possédée d'un mauvais esprit ; car *mossen* c'est méde-cine, et *gerre* c'est appartenance.

T. *Ourauh-oussou au arcutin,* la grande plume de ce village nommé Desestort.

F. *Tau-couar-oussou-tuve-gonare.* Et, en ce village nommé le lieu où on prend des cannes comme de grands roseaux ?

T. *Ouacan.* Le principal de ce lieu-là, qui est à dire leur teste. *Soouar-oussou,* c'est la feuille qui est tombée d'un arbre. *Morgonia-ouassou,* un gros citron ou orange, il se nomme ainsi. *Mae-du,* qui est flambe de feu de quelque chose. *Maraca-ouassou,* une grosse sonnette ou une cloche. *Mae-uocep,* une chose à demi-sortie, soit de

la terré ou d'un autre lieu. *Kariaq-piare,* le chemin
pour aller aux Karios. Ce sont les noms des principaux
de la rivière de *Geneure* et à l'onviron.

T. *Che-ropup-gatou, derour ari.* Ie suis fort ioyeux de
ce que tu es venu. — *Nein térético, pai Nicolas iroù.* Or,
tien-toy donc avec le seigneur Nicolas. — *Nère roupé d'eré
micaço?* N'as-tu point amené ta femme.

F. *Arrout iran chéreco angernie.* Je l'amèneray quand
mes affaires seront faites.

T. *Marapè d'erecoran?* Qu'est-ce que tu as affairé?

F. *Cher auc-onam.* Ma maison pour demeurer.

T. *Mara-vae-anc?* Quelle sorte de maison?

F. *Seth, daè ehèréco-rem couap rengue.* Ie ne scay encore
comme ie dois faire.

T. *Nein tèreie onap dèrècorem.* Or là donc pense ce que
tu auras affaire.

F. *Perctan repiac-iree.* Après que i'auray veu vostre
pays et demeure.

T. *Nereico-icho-pe-deauem a irom?* Ne te tiendras-tu
pas avec tes gens, c'est-à-dire avec ceux de ton pays?

F. *Mará amo pè?* Pourquoy t'en enquiers-tu?

T. *Aipo-gué.* Ie le dis pour cause. — *Ché-pontoupa-gué
dèrt.* l'en suis ainsi en malaise, comme disant ie le voudrais
bien savoir.

F. *Neû pè amotareum pô orèroubicheh?* Ne haïssez-vous
point nostre principal, c'est-à-dire nostre vieillard?

T. *Erymen.* Nenny. — *Séré cogatou pouy eùm-été mo.*
Si ce n'estoit une chose qu'on doit bien garder, on devroit
dire. — *Sécouaè aponan- è engatouresme, y poréré cogatou.* C'est la coustume d'un bon père qui garde bien ce
qu'il aime.

T. *Néresco-icho pirem-ouarini ?* N'iras-tu point à la guerre au temps advenir ?

F. *Asso irénné.* I'y iray quelque iour. — *Marapé perouagérrè rèrè ?* Comment est-ce que vos ennemis ont nom ?

T. *Touaiat* ou *Margaiat*, c'est une nation qui parle comme eux, avec lesquels les Portugais se tiennent. *Ouétaca*, ce sont de vrais sauvages qui sont entre la rivière de Mach-hé et de Paraï. *Ouèauem*, ce sont sauvages qui sont encores plus sauvages, se tenans parmi les bois et montagnes. *Caraia*, ce sont gens d'une plus noble façon, et plus abondans en biens, tant vivres qu'autrement, que non pas ceux ci-devant nommez. *Karios*, ce sont une autre manière de gens demeurans par delà les *Touaiaire*, vers la rivière de Plate, qui ont un mesme langage que les Tououp, *Toupinenquin*.

La différence des langues ou langage de la terre est entre les nations dessus nommées :

Et, premièrement les *Toüoupinambaoult, Toupinenquin, Touaiaire, Tenreminon* et *Kario* parlent un mesme langage, ou pour le moins y a peu de différence entre eux, tant de façon de faire qu'autrement.

Les *Karaia* ont une autre manière de faire et de parler.

Les *Ouetaca* diffèrent tant en langage qu'en fait de l'une et de l'autre partie.

Les *Oueauen*, aussi au semblable, ont tout autre manière de faire et parler.

T. *Teh !* oioac *poëireca à paau né, ieudé né* (1), le monde

(1) Ici commence une série de phrases dont j'avoue n'avoir saisi ni le sens, ni la liaison. Il est probable que la pensée de Léry a été singulièrement altérée, car, d'ordinaire, il brille par la clarté et la méthode.

cherche l'un l'autre et pour nostre bien, car ce mot *ieudéné* est un dual dont les Grecs usent quand ils parlent de deux ; et toutes fois icy est prins pour ceste manière de parler à nous. *Ty ierobah apo'au ari,* tenons-nous glorieux du monde qui nous cherche. *Apo'au ae mae gerre, iendesne,* c'est le monde qui nous est pour nostre bien ; c'est qui nous donne de ses biens. *Ty réco-gatou iendesne,* gardons-le bien, c'est que nous le traitions en sorte qu'il soit content de nous. *Iporenc eté-amreco iendesne,* voilà une belle chose s'offrant à nous. *Ty maran gatou apoau-apé,* soyons à ce peuple icy. *Ty momourron, mé mae gerre iendesne,* ne faisons point outrage à ceux qui nous donnent de leurs biens. *Ty poih apoaué iendesne,* donnons-leur des biens pour vivre. *Ty poeraca apoaué,* travaillons pour prendre de la proie pour eux : ce mot *yporraca* est spécialement pour aller en pescherie au poisson ; mais ils en usent en toute autre industrie de prendre bestes et oyseaux. *Tyrrout maè tyronam ani apè,* apportons-leur de toutes choses que nous leur pourrons recouvrer. *Tyre comrémoich-meiendé-maé recoussauè,* ne traittons point mal ceux qui nous apportent de leurs biens. *Pe-poroinc auu-mecharaire-oneh,* ne soyez point mauvais, mes enfans. *Ta-pere coihmaé,* à fin que vous ayez des biens. *Toerecoih perairé amo,* et que vos enfans en ayent. *Nyrecoih ienderamouyn maé pouaire,* nous n'avons point de biens de nos grans pères. *Opap cheramouyn maé pouaire ailih,* i'ay tout ietté ce que mon grand-père m'avoit laissé. *Apoau-maè-ry oi ierobiah,* me tenant glorieux des biens que le monde nous apporte. *Ienderamouyn remiè piac olalegne aou-aire,* ce que nos grans pères voudroy avoir et toutes fois ne l'ont point veu. *Teh! oip ot arhété ienderamouyn récohiare ete iendesne,* or; voilà qui va bien, que l'eschange plus excellent que nos grands pères nous est venu. *Iende porrau-oussou vocare,* c'est ce qui nous met hors de tristesse. *Iende-co ouassou gerre,* qui nous fait avoir de grands iardins. *En sassi piram, ienderè memy non apé,* il ne fait plus de mal à nos enfanchonnets quand on les tond (i'entend ce diminutif enfanchonnet pour les enfans de nos enfans). *Tyre coih apouau, ienderona gerre-ari,* menons ceux-cy avec nous contre nos ennemis. *Toere coih mocap ó mae-ae,* qu'ils ayent des harquebuses qu'est leur propre bien venu d'eux. *Mara-mo senten gatou-euiu amo ?* Pourquoy ne seront-ils point forts ? *Meme-tae more-robiarem,* c'est une nation ne craignant rien. *Ty senenc aponau, maram iende irou,* esprouvons leur force estans avec nous autres. *Mèure-tae moreroar roupiare,* sont ceux qui deffont ceux qui emportent les autres, assavoir les Portugais. *Agne he onèh,* comme disant il est vray tout ce que i'ay dit. *Nein-tyamoneta, ienuere cassariri,* devisons ensemble de ceux qui nous cerchent ; ils entendent parler de nous en la bonne partie, comme la phrase le requiert.

F. *Nein-che atoun-assaire* (1). Or donc, mon allié. Mais sur ce poinct, il est à notter que ce mot *atour-assap* et *colou-assap* diffèrent, car le premier signifie une parfaite alliance entr'eux, et entr'eux et nous, tant que les biens de l'un sont communs à l'autre. Et aussi qu'ils ne peuvent avoir la fille ne la sœur dudit premier nommé. Mais il n'en est pas ainsi du dernier, car ce n'est qu'une

---

(1) Ici recommence le dialogue intelligible.

légère manière de nommer l'un l'autre par un autre nom que le sien propre, comme ma iambe, mon œil, mon oreille et autres semblables.

T. *Maé resse iende moneta?* De quoy parlerons-nous?

F. *Scéh maé tirouen resse.* De plusieurs et diverses choses.

T. *Mura-pieng vah-reré?* Comment s'appelle le ciel?

F. Le ciel.

T. *Cyg. reugne tassenouh maetirouen desne* (1).

F. *Auge-bè.* C'est bien dit.

T. *Mac,* le ciel; *couarassi,* le soleil; *iasce,* la lune; *iassi tata ouassou,* la grande estoile du matin et du vespre qu'on appelle communément Lucifer; *iassi tata miri,* ce sont toutes les autres petites estoiles; *ubouy,* c'est la terre; *paranan,* la mer; *uh-été,* c'est eau douce; *uh-een,* eau salée; *uh-een buhe,* eau que les matelots appellent le plus souvent sommagne; *ita* est proprement pris pour pierre; aussi est pris pour toute espèce de métail et fondement d'édifice, comme *aoh-ita,* le pilier de la maison. *Yapurr-ita,* le feste (2) de la maison; *iura-iti,* les gros traversains de la maison; *igourahou y bouirah,* toute espèce et sorte de bois; *ourapat,* un arc, et néantmoins que ce soit un nom composé de *ybourah* qui signifie bois; et *apat,* crochu ou partie; toutes fois ils prononcent *orapat* par syncope. *Arre,* l'air; *arraip,* mauvais air; *amen,* pluye; *amen poyton,* le temps disposé et prest à pleuvoir; *toupen,* tonnerre; *toupen verap,* c'est l'esclair qui le prévient; *ybuo-ytin,* les nuées ou le

___

(1) Léry a oublié de donner la traduction.
(2) Orthographe fort rare, pour « faîte ».

brouillard ; *ybueture*, les montagnes ; *guum*, campagnes ou pays plat où il n'y a nulles montagnes ; *taue*, villages ; *auc*, maison ; *uh-ecouap*, rivière ou eau courant ; *uh-paon*, une isle enclose d'eau ; *kaa*, c'est toute sorte de bois et forest ; *kaa-paon*, c'est un bois au milieu d'une campagne ; *kaa-ouan*, qui est nourri par les bois ; *kaa-gerre*, c'est un esprit malin qui ne leur fait que nuire en leurs affaires ; *ygat*, une nasselle d'escorce qui contient trente ou quarante hommes allans en guerre ; aussi est pris pour navire qu'ils appellent *ygueroussou*. *Puissa-ouassou*, c'est une saine pour prendre poisson ; *inguea*, c'est une grande nasselle pour prendre poisson ; *tinquei*, diminutif ; nasselle qui sert quand les eaux sont desbordées de leur cours ; *nomognot mae tasse nom desne*, que ie ne nomme plus de choses ; *emourbeou deretani ichesne*, parle-moi de ton pays et de ta demeure.

F. *Augé-bé derengnée poureudoup*. C'est bien dit, enquiers-toy premièrement

T. *Ia-eh-marape deretani-rere*. Ie t'accorde cela. Comment a nom ton pays et ta demeure ?

F. Rouen, c'est une ville ainsi nommée.

T. *Tau-oussou pe-ouin ?* Est-ce un grand village ? (Ils ne mettent point de différence entre ville et village, à raison de leur usage, car ils n'ont point de ville.)

F. *Pa*. Ouy.

T. *Moboii-pe-reroupichah-gatou ?* Combien avez-vous de seigneurs ?

F. *Auge-pe*. Un seulement.

T. *Marape-sere ?* Comment a-il nom ?

F. Henry. (C'estoit du temps du roy Henry II que ce voyage fut fait.)

T. *Iere-porrenc.* Voilà un beau nom. — *Mara-pe peron pichau-etá-enin ?* Pourquoy n'avez-vous plusieurs seigneurs ?

F. *Moroéré chih-gné.* Nous n'en avons non plus. — *Ore ramouin-aué,* dès le temps de nos grands-pères.

T. *Mara pienc-pee ?* Vous autres, qui estes-vous ?

F. *Oroicogné.* Nous sommes contens ainsi. — *Oreemaegerre.* Nous sommes ceux qui avons du bien.

T. *Epè-noeré-coih ? peroupichah-mae ?* Et vostre prince, a-il point de bien ?

F. *Oerecoih.* Il en a tant et plus. — *Oreé-mae-gerre ahépé.* Tout ce que nous avons est à son commandement.

T. *Oraini-pe ogèpé ?* Va-il en guerre ?

F. *Pa.* Ouy.

T. *Mobouy-taue pe-iouca ny mae ?* Combien avez-vous de villes ou villages ?

F. *Seta-gatou.* Plus que ie ne pourrois dire.

T. *Niresce mouih-icho peue ?* Ne me les nommeras-tu point ?

F. *Ypoiçopouy.* Il seroit trop long, ou prolixe.

T. *Yporrenc-pe-peretani ?* Le lieu dont vous êtes est-il beau ?

F. *Yporren-gatou.* Il est fort beau.

T. *Eugaya-pe-peo auce ?* Vos maisons sont-elles ainsi ? assavoir comme les nostres.

F. *Oicoe-gatou.* Il y a grande différence.

T. *Mara-vaé ?* Comment sont-elles ?

F. *Ita-gepe.* Elles sont toutes de pierre.

T. *Youroussou-pe ?* Sont-elles grandes ?

F. *Touroussou-gaton.* Elles sont fort grandes.

T. *Vatou-gaton-pé ?* Sont-elles fort grandes ? assavoir hautes.

F. *Mahmo.* Beaucoup. Ce mot emporte plus que beaucoup, car ils lé prennent pour chose esmerveillable.

T. *Engdya-pe-pet auc ynim ?* Le dedans est-il ainsi ? assavoir comme celles de par deçà.

F. *Erymen,* Nonny.

T. *Esce-non de rete renomdau eta ichesne.* Nomme-moy les choses appartenant au corps.

F. *Escendon.* Escoute.

T. *Yeh.* Me voilà prest.

F. *Che-acan,* ma teste ; *de-acan,* ta teste ; *ycan,* sa teste ; *ore-acan,* nostre teste ; *pé-acan,* vostre teste ; *analcan,* leur teste.

Mais, pour mieux entendre ces pronoms en passant, ie declaireray seulement les personnes tant du singulier que du pluriel. Premièrement *ché,* c'est la première personne du singulier, qui sert en toute manière de parler, tant primitive que dérivative, possessive ou autrement ; et les autres personnes aussi : *Chè-auè,* mon chef ou cheveux ; *chè-voua,* mon visage ; *chè-nembì,* mes oreilles ; *chè-sshua,* mon front ; *ché-ressa,* mes yeux ; *chè-tin,* mon nez ; *chè-iourou,* ma bouche ; *chè-retoupaué,* mes ioues ; *chè-redmina,* mon menton ; *chè-redmina-aué,* ma barbe ; *chè-apecou,* ma langue ; *chè-ram,* mes dents ; *chè-àiouré,* mon col ou ma gorge ; *chè-poca,* ma poictrine ; *chè-rocapé,* mon devant généralement ; *chè-aloucoupè,* mon derrière ; *chèpouy-asoo,* mon eschine ; *chè-rousbony,* mes reins ; *chèrenirè,* mes fesses ; *chè-innanpouy,* mes espaules ; *chè-inna,* mes bras ; *chè-papouy,* mon poing ; *chè-po,* ma main ; *chèponen,* mes doigts ; *chè-puyac,* mon estomac ou foye ; *chèregnie,* mon ventre ; *chè pourou-assen,* mon nombril ; *chècam,* mes mamelles ; *chè-oup,* mes cuisses ; *chè-roduponam,* mes genoux ; *chè-porace,* mes coudes ; *chè-rètemen,* mes jambes ; *chè-pouy,* mes pieds ; *chè-pussempé,* les ongles de mes pieds ; *chè-ponampe,* les ongles de mes mains ; *chè-guy encg,* mon cœur et poulmon ; *chè-encg,* mon âme ou ma pensée ; *chè-encg-gouere,* mon âme après qu'elle est sortie de mon corps. Noms des parties du corps qui ne sont honnestes à nommer : *chè-rencouen, chè-rementien, chè-rapoupit.*

Et, pour cause de briefveté, ie n'en feray autre diffinition. Il est à notter qu'on ne pourroit nommer la pluspart des choses, tant de celles cy-devant escrites qu'autrement, sans y adiouster le pronom, tant première, seconde que tierce personne, tant en singulier qu'en pluriel. Et pour les mieux faire entendre séparément et à part : Sing. *chè,* moy ; *dè,* toy ; *ahé,* luy. Plur. *orco,* nous ; *peè,* vous ; *au-aé,* eux. Quant à la tierce personne du singulier, *ahe* est masculin, et pour le féminin et neutre, *aé* sans aspiration. Et au pluriel, *au-aé* est pour les deux genres, tant masculin que féminin, et par conséquent peut estre commun.

Des choses appartenantes au mesnage et cuisine :

Emi-redu-tata, allume le feu ; *emo-goep-tata,* estein le feu ; *eront-che-rata-rem,* apporte de quoy allumer mon feu ; *emogip-pira,* fay cuire le poisson ; *essessit,* rosti-le ; *emoni,* fay-le bouillir ; *fa-vecu-ouy-amo,* fay de la farine ; *emogip-caouin-amo,* fay du vin ou bruvage, ainsi dit ; *cocin upé,* va à la fontaine ; *erout-v-ichesne,* apporte-moy de l'eau ; *chè-renni-auge-pe,* donne-moy à boire ; *quere me chè-remyon-recoap,* viens-moy donner à manger ; *taie-poch,* que ie lave mes mains ; *tae-iourouh-eh,* que ie lave ma bouche ; *chè-embonassi,* i'ay faim de manger ; *ham-*

chè-iourou-eh, ie n'ay point appétit de manger ; *ehe-usseh,* i'ay soif.

Chè-reaic, i'ay chaut, ie sue ; *chè-rou,* i'ay froid ; *chè-racoup,* i'ay la fièvre ; *chè-carouc-assi,* ie suis triste : néantmoins que *carouc* signifie le vespre ou le soir ; *aicolene,* ie suis en malaise, de quelque affaire que ce soit ; *chè-poura oussoup,* ie suis traité mal aisément ou ie suis fort povrement traité ; *chéroemp,* ie suis ioyeux ; *aicome monoh,* ie suis cheu en moquerie, ou on se moque de moy ; *aico-gatou,* ie suis en mon plaisir ; *chè-remiac-oussou,* mon esclave ; *chè-re miboyè,* mon serviteur ; *chè-roiac,* ceux qui sont moindres que moy, et qui sont pour me servir ; *chè-porracassare,* mes pescheurs, tant en poisson qu'autrement ; *chè-maé,* mon bien et ma marchandise ou meuble et tout ce qui m'appartient ; *chè-remigmoguem,* c'est de ma façon ; *ché-rere-couarré,* ma garde ; *chè-roubichac,* celuy qui est plus grand que moy, ce que nous appellons nostre roy, duc ou prince ; *moussacat,* c'est un père de famille qui est bon, et donne à repaistre aux passans, tant estrangers qu'autres ; *querre-muhau,* un puissant en la guerre, et qui est vaillant à faire quelque chose ; *tenten,* qui est fort par semblance, soit en guerre ou autrement.

Du lignage : *chè-roup,* mon père ; *chè-requeyi,* mon frère aisné ; *chè-rebure,* mon puisné ; *chè-renadire,* ma sœur ; *chè-rure,* le fils de ma sœur ; *chè-tipet,* la fille de ma sœur ; *chè-aiché,* ma tante ; *ai,* ma mère (on dit aussi *chè-si,* má mère, et le plus souvent en parlant d'elle) ; *chè-siit,* la compagne de ma mère, qui est femme de mon père comme ma mère ; *chè-raiit,* ma fille ; *chè reme mynon,* les enfants de mes fils et de mes filles. Il est à notter qu'on appelle communément l'oncle comme le père ; et par semblable, le père appelle ses neveux et nièces mon fils et ma fille.

Ce que les grammairiens nomment et appellent verbe peut estre dit en nostre langue parole, et en la langue brésilienne *guengane*, qui vaut autant à dire que parlement ou manière de dire ; et, pour en avoir quelque intelligence, nous en mettrons en avant quelques exemples.

Premièrement : Singulier indicatif ou démonstratif, *aico*, ie suis ; *ereico*, tu es ; *oico*, il est. Pluriel, *oroico*, nous sommes ; *peico*, vous estes ; *aurae-ico*, ils sont. La tierce personne du singulier et pluriel sont semblables, excepté qu'il faut adiouster au pluriel *au ae*, pronom, qui signifie eux, ainsi qu'il appert.

Au temps passé imparfaict et non du tout accompli, car on peut estre encores ce qu'on estoit alors : Singulier résout par l'adverbe *aquoémé*, c'est-à-dire en ce temps-là : *aico-aquoémé*, i'estoye alors ; *ereico-aquoémé*, tu estois alors ; *oico-aquoémé*, il estoit alors. Pluriel imparfait : *oroico-aquoémé*, nous estions alors ; *peico-aquoémé*, vous estiez alors ; *aurae-oico-aquoémé*, ils estoyent alors.

Pour le temps parfaitement passé et du tout accompli. Singulier : on reprendra le verbe *oico* comme devant et y adioustera-t-on cest adverbe *aquoé-méné*, qui vaut à dire au temps iadis et parfaitement passé sans nulle espérance d'estre plus en la manière que l'on estoit en ce temps-là. Exemple : *assavoussou-gatou-aquoé-méné*, ie l'ay aimé parfaitement en ce temps-là ; *quovénen-gatou-tégné*, mais maintenant nullement ; comme disant il se devoit tenir à mon amitié durant le temps que ie lui portois amitié, car on n'y peut revenir.

Pour le temps à venir, qu'on appelle futur : *aico-iren*, ie seray pour l'advenir. Et en ensuyvant des autres personnes comme devant, tant au singulier comme au pluriel.

Pour le commandeur qu'on dit impératif : *oico*, sois ; *loico*, qu'il soit. Pluriel : *toroico*, que nous soyons ; *tapelco*, que vous soyez ; *aurae-loica*, qu'ils soyent. Et, pour le futur, il ne faut qu'adiouster *iren*, ainsi que devant ; et en commandeur, pour le présent, il faut dire *taugé*, qui est à dire tout maintenant.

Pour le désir et affection qu'on a en quelque chose, que nous appelons optatif, *aico-mo-men*, ô que ie serois volontiers ! poursuivant semblablement comme devant.

Pour la chose qu'on veut ioindre ensemblement, que nous appelons conjonctif, on le résout par un adverbe *iron*, qui signifie avec ce qu'on le veut ioindre. Exemple : *laico-de-iron*, que ie soye avec toy, et ainsi des semblables.

Le participe tiré de ce verbe : *ché-recoruré*, moy estant. Lequel participe ne peut bonnément estre entendu seul sans y adiouster le pronom *de-ahe-et-aé*, et le pluriel semblablement : *oré*, *pée*, *an*, *aé*.

Le terme indéfini de ce verbe peut estre prins pour un infinitif, mais ils n'en usent guère souvent.

La déclination du verbe *aioüt*. Exemple de l'indicatif ou démonstratif en temps présent. Néantmoins qu'il sonne en nostre langue françoise double, c'est qu'il sonne comme passé. Singulier nombre : *aiout*, ie viens ou ie suis venu ; *ereioul*, tu viens ou tu es venu ; *o-out*, il vient ou est venu. Pluriel nombre : *ore-iout*, vous venez ou estes venus ; *au-ae-o-out*, viennent ou sont venus.

Pour les autres temps, on doit prendre seulement les adverbes ci-après déclarez, car nul verbe n'est autrement décliné qu'il ne soit résout par un adverbe, tant au prétérit, présent-imparfait, plus-que-parfait indéfini qu'au futur ou temps à venir.

Exemple du prétérit-imparfait et qui n'est du tout accompli : *aiout-agnoème*, ie venoye alors.

Exemple du prétérit-parfait et du tout accompli : *aiout-agnoèmènè*, ie vins, où estoye, où fus venu en ce temps-là; *aiout-dimaé-nè*, il y a fort longtemps que ie vins. Lesquels temps peuvent estre plustost indéfinis qu'autrement, tant en cest endroit qu'en parlant.

Exemple du futur ou temps à venir : *aiout-irau-né*, ie viendray un certain iour; aussi on-peut dire *irau* sans y adiouster *né*, ainsi comme la phrase ou manière de parler le requiert. Il est à notter qu'en adioustant les adverbes, convient répéter les personnes, tout ainsi qu'au présent de l'indicatif ou démonstratif.

Exemple de l'impératif ou commandeur. Singuliér nombre : *eori*, vien, n'ayant que la seconde personne; *eyol*, car en ceste langue on ne peut commander à la tierce personne qu'on ne voit point, mais on peut dire : *emo-out*, fay-le venir; *pé-ori*, venez; *pe-iol*, venez. Les sons escrits, *eiol* et *péiol*, ont semblable sens; mais le premier, *ciol*, est plus honneste à dire entre les hommes, d'autant que le dernier, *pe-iol*, est communément pour appeler les bestes et oyséaux qu'ils nourrissent.

Exemple de l'optatif (1), néantmoinz semble commander en désir de priant ou en commandant. Singulier : *aiout-*

(1) Phrase inintelligible.

mo, ie voudrois ou serois venu volontiers, en poursuyvant les personnes comme en la déclinaison de l'indicatif. Il a un temps à venir, en adioustant l'adverbe, comme dessus.

Exemple du conionctif : *ta-ioul,* que ie vienne ; mais, pour mieux emplir la signification, on adiouste ce mot, *nein,* qui est un adverbe pour exhorter, commander, inciter, ou de prier.

Ie ne cognois point d'indicatif (1) en ce verbe ici, mais il s'en forme un participe, *touume,* venant. Exemples : *chè-róurmè-assoua-nitin-chè-remiereco-ponére,* comme en venant i'ay rencontré ce que i'ay gardé autresfois ; *senoyt-pe* (2), sangsue ; *inuby-a,* des cornets de bois dont les sauvages cornent.

Au surplus, à fin que non seulement ceux avec lesquels i'ay passé et repassé la mer, mais aussi ceux qui m'ont veu en l'Amérique (dont plusieurs peuvent encores estre en vie), mesmes les mariniers et autres, qui ont voyagé et quelque peu séiourné en la rivière de Genevre ou *Ganabara,* sous le tropique du Capricorne, iugent mieux et plus promptement des discours que i'ay faits ci-dessus, touchant les choses par moy remarquées en ce pays-là, i'ay bien voulu encores particulièrement en leur faveur, après ce colloque, adiouster à part le catalogue de vingt-deux villages où i'ay esté et fréquenté familièrement parmi les sauvages amériquains.

Premièrement ceux qui sont du costé gauche quand on entre dans ladite rivière :

(1) Sans doute infinitif.
(2) Deux mots singulièrement placés ici.

Kariuuc, 1 ; *Yaboraci*, 2. Les François appellent ce second Pepin, à cause d'un navire qui y chargea une fois, duquel le maistre se nommoit ainsi. *Euramyry*, 3. Les François l'appellent Gosset, à cause d'un truchement ainsi appelé qui s'y estoit tenu. *Pira-ouassou*, 4 ; *Sapo-pem*, 5 ; *Ocarentin*, beau village, 6 ; *Oura-ouassou-onée*, 7 ; *Teutimen*, 8 ; *Colina*, 9 ; *Pano*, 10 ; *Sarigoy*, 11. Un nommé *La Pierre* par les François, à cause d'un petit rocher, presques de la façon d'une meule de moulin, lequel remarquoit le chemin en entrant au bois pour y aller, 12. Un autre appelé *Upec* par les François, parce qu'il y avoit forces cannes d'Indes, lesquelles les sauvages nomment ainsi, 13. Item, un sur le chemin duquel, dans le bois, la première fois que nous y fûmes, pour le mieux retrouver, puis après, ayant tiré force flesches au haut d'un fort grand et gros arbre pourri, lesquelles y demeurèrent touiours fichées, nous nommasmes pour coste cause le *Village aux flesches*, 14.

Ceux du costé dextre :

Keri-u, 15 ; *Acara-u*, 16 ; *Morgonia-ouassou*, 17.

Ceux de la grande isle :

Pindo-oussou, 18 ; *Coronque*, 19 ; *Piraniion*, 20. Et un autre duquel le nom m'est eschappé, entre *Pindo-oussou* et *Piraniion*, auquel i'aiday une fois à acheter quelques prisonniers, 21. Puis un autre entre *Coronque* et *Pindo-oussou*, duquel i'ay aussi oublié le nom, 22.

I'ay dit ailleurs quels sont ces villages et la façon des maisons.

177